AF329996

RÉPUBLIQUE FRANÇAISE.

MINISTÈRE DE LA GUERRE.

INSTRUCTION DU 7 JANVIER 1901

POUR L'APPLICATION DE LA

LOI D'AMNISTIE

DU 27 DÉCEMBRE 1900

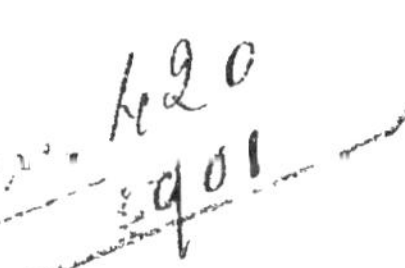

PARIS

HENRI CHARLES-LAVAUZELLE

Éditeur militaire

10, Rue Danton, Boulevard Saint-Germain, 118

(MÊME MAISON A LIMOGES)

**Direction du Contentieux et de la Justice militaire ; Bureau
de la Justice militaire. — N° 1.**

Circulaire portant envoi d'instructions pour l'application de la loi d'amnistie du 27 décembre 1900.

Le Ministre de la guerre à MM. le Gouverneur général de l'Algérie ; les
Gouverneurs militaires de Paris et de Lyon ; les Généraux commandant
les corps d'armée ; les Généraux commandant les divisions militaires
de l'Algérie ; le Général commandant la division d'occupation de Tunisie ;
les Généraux de brigade commandant les subdivisions ; les Préfets et
Sous-Préfets des départements ; les Intendants et Sous-Intendants militaires ; les Officiers commandants d'armes ; les Chefs de corps et Commandants de bureau de recrutement ; les Colonels et Officiers de gendarmerie.

Paris, le 7 janvier 1901.

Messieurs, en vous adressant les instructions relatives à
l'application de la loi d'amnistie du 27 décembre 1900, je
crois devoir appeler tout particulièrement votre attention sur
divers points que le texte de cette loi pourrait laisser dans
l'incertitude.

I. Le § A est ainsi conçu : « Les insoumis âgés de moins
de trente-cinq ans établis dans les colonies et à l'étranger,
avant l'âge de dix-neuf ans, et leurs receleurs, bénéficieront
des dispositions de l'article 50 de la loi de 1889 sur le recrutement. »

Il est bien entendu que, malgré la généralité de ces dispositions, elles ne peuvent s'appliquer qu'aux insoumis qui, au
moment des opérations du conseil de revision, étaient aptes
à bénéficier de la dispense prévue par l'article 50 de la loi
du 15 juillet 1889, c'est-à-dire établis, avant l'âge de 19 ans,
à l'étranger, hors d'Europe ou aux colonies ou pays de protectorat où il n'y a pas de troupes françaises.

II. Le § C vise les insoumis qui, établis hors d'Europe
avant l'âge de 19 ans, sont rentrés en France avant l'âge de
30 ans, et dont l'âge actuel est compris entre 30 et 35 ans.

Au lieu de n'être soumis qu'aux obligations de leur classe,
ils seront assujettis à une année de service.

Extraits de la loi du 27 décembre 1900 relative à l'amnistie.

Paris, le 27 décembre 1900.

Le Sénat et la Chambre des députés ont adopté,

Le Président de la République promulgue la loi dont la teneur suit :

Art. 1er. . . . .

Amnistie pleine et entière est accordée pour les faits antérieurs au 15 décembre 1900.

1°. . . . .

Aux déserteurs et insoumis des armées de terre et de mer et aux déserteurs des bâtiments de commerce, dans les conditions prévues par la loi du 27 avril 1898, modifiées de la façon suivante pour les cas d'amnistie conditionnelle spécifiés dans ladite loi :

a) Les insoumis âgés de moins de trente-cinq ans établis dans les colonies et à l'étranger avant l'âge de dix-neuf ans et leurs receleurs, bénéficieront des dispositions de l'article 50 de la loi de 1889 sur le recrutement ;

b) Les insoumis âgés de moins de trente ans qui ne se trouveraient pas dans ces conditions seront tenus d'accomplir dans l'armée active, la réserve et la territoriale, le service auquel ils étaient assujettis ;

c) Les insoumis âgés de plus de trente ans seront tenus d'accomplir une année de service seulement, sous la réserve qu'il sera attesté par leurs consuls qu'ils étaient établis dans les colonies ou à l'étranger avant l'âge de dix-neuf ans.

. . . .

La présente loi, délibérée et adoptée par le Sénat et par la Chambre des députés, sera exécutée comme loi de l'État.

Fait à Paris, le 27 décembre 1900.

EMILE LOUBET.

Par le Président de la République :

<table>
<tr><td>Le Président du conseil,
Ministre de l'intérieur,
WALDECK-ROUSSEAU.</td><td>Le Garde des sceaux,
Ministre de la justice,
MONIS.</td></tr>
</table>

**Direction du Contentieux et de la Justice militaire;
Bureau de la Justice militaire. — N° 1 *ter*.**

Loi relative à l'amnistie en faveur des soldats des armées de terre et de mer pour faits d'insoumission et de désertion.

Paris, le 27 avril 1898.

Le Sénat et la Chambre des députés ont adopté,

Le Président de la République promulgue la loi dont la teneur suit :

Art. 1er. Amnistie est accordée pour les délits d'insoumission et de désertion commis antérieurement à la promulgation de la présente loi par les sous-officiers, brigadiers, caporaux et soldats de l'armée de terre.

La même amnistie est accordée :

1° Aux officiers-mariniers, quartiers-maîtres et marins des équipages de la flotte;

2° Aux sous-officiers, brigadiers, caporaux et soldats des troupes de la marine, ainsi qu'aux individus immatriculés dans les sections d'exclus;

3° Aux agents divers embarquant, ainsi qu'aux individus faisant partie des différents corps de la marine assimilés aux équipages de la flotte ou aux troupes de la marine;

4° Aux marins de l'inscription maritime, déserteurs des bâtiments de commerce, sans qu'elle puisse être opposée, en aucun cas, aux droits des tiers.

Art. 2. L'amnistie est entière et sans condition de servir :

1° Pour les insoumis et déserteurs âgés de plus de quarante-cinq ans;

2° Pour les insoumis et déserteurs que des infirmités rendent impropres à tout service actif ou auxiliaire dans les armées de terre et de mer.

Art. 3. L'amnistie est conditionnelle pour les hommes âgés de moins de quarante-cinq ans, c'est-à-dire avec obligation de servir dans les conditions suivantes :

Les insoumis ayant moins de trente-cinq ans seront tenus d'accomplir le service auquel ils étaient assujettis;

Les insoumis qui ont accompli le temps de service actif, mais qui n'ont pas répondu aux appels de la réserve, auront à passer ou à compléter dans un corps ou dans un dépôt, le temps de service pour lequel ils auraient été appelés conformément à l'article 37 de la loi du 15 juillet 1889;

Les déserteurs ayant moins de trente-cinq ans auront à compléter le temps de service qu'ils avaient à faire au moment où ils ont manqué à l'appel.

Néanmoins les hommes désignés dans les trois paragraphes qui précèdent ne seront pas astreints à un service actif au delà de leur trente-cinquième année révolue. Le bénéfice de cette disposition s'étendra aux hommes omis dans les tableaux de recensement.

Après trente-cinq ans, les uns et les autres resteront soumis aux obligations de la classe à laquelle ils appartiennent par leur âge.

Les insoumis et déserteurs âgés de moins de trente-cinq ans, qui seraient mariés ou qui seraient veufs avec un ou plusieurs enfants, ne seront pareillement soumis qu'aux obligations de la classe à laquelle ils appartiennent par leur âge.

Les hommes âgés de moins de quarante-cinq ans, qui se trouveraient dans les cas de dispense du service en temps de paix prévu à l'article 21 de la loi du 15 juillet 1889, seront tenus de servir dans les conditions stipulées par l'article 24 de la loi précitée.

Les prescriptions de l'article 2 et celles du présent article seront applicables aux marins appartenant à l'inscription maritime, sous une double réserve :

1° L'amnistie entière est sans condition de servir ne leur sera acquise que lorsqu'ils seront âgés de plus de cinquante ans ou lorsqu'ils seront atteints d'infirmités les rendant impropres au service de la flotte. Dans tout autre cas, l'amnistie restera conditionnelle ;

2° La limite d'âge à laquelle les inscrits maritimes cesseront d'être tenus d'accomplir ou de parfaire leur période de service actif restera fixée à trente ans, par application de l'article 22 de la loi du 24 décembre 1896.

Art. 4. Les insoumis et déserteurs susceptibles de recevoir l'application de l'amnistie, avec condition de servir prévue par l'article 3 devront, ainsi que les marins inscrits déserteurs du commerce, se présenter devant les autorités qui seront désignées par les Ministres de la guerre et de la marine pour formuler leur déclaration de repentir, avant l'expiration des délais ci-après qui compteront à partir de la promulgation de la présente loi, savoir :

Trois mois pour ceux qui sont dans l'intérieur de la France et en Corse ;

Six mois pour ceux qui sont hors du territoire français, mais en Europe ou en Algérie ;

Et un an, pour ceux qui sont hors du territoire d'Europe et de l'Algérie.

Art. 5. A l'expiration des délais fixés au précédent article, les insoumis et déserteurs qui ne se seront pas présentés pour réclamer le bénéfice de l'amnistie avec condition de servir, ou ceux qui, après avoir pris une feuille de route, ne se rendraient pas à leur destination, seront de nouveau recherchés et poursuivis, s'il y a lieu.

Art. 6. En cas de condamnation pour autres infractions connexes ou concomitantes, le bénéfice de l'amnistie ne sera acquis que pour les délits d'insoumission ou de désertion.

La peine prononcée sera subie toutes les fois qu'elle sera justifiée par les faits autres que l'insoumission ou la désertion. Dans le cas contraire, aucune peine ne sera subie.

La présente loi, délibérée et adoptée par le Sénat et par la Chambre des députés, sera exécutée comme loi de l'Etat.

Fait à Paris, le 27 avril 1898.

FELIX FAURE.

Par le Président de la République :

Le Ministre de la guerre,
BILLOT.

Le Ministre de la marine,
BESNARD.

Direction du Contentieux et de la Justice militaire; Bureau de la Justice militaire. — N° 1 *quater*.

Instruction pour l'application de la loi d'amnistie du 27 décembre 1900.

Paris, le 7 janvier 1901.

I. — INSOUMIS ET DÉSERTEURS AUXQUELS L'AMNISTIE EST APPLICABLE.

Sont compris dans l'amnistie accordée par la loi du 27 décembre 1900, se référant elle-même à la loi du 27 avril 1898 :

1° Les sous-officiers, caporaux, brigadiers et soldats de l'armée de terre en état de désertion au 15 décembre 1900 ;

2° Les jeunes soldats, les disponibles, les réservistes et les territoriaux de la même armée en état d'insoumission à la même date ;

3° Tous les insoumis et déserteurs actuellement détenus, soit comme prévenus, soit en vertu de condamnations prononcées pour ces deux délits, sauf l'exception prévue à l'article 6 de la loi du 27 avril 1898 ;

4° Tous les hommes qui, après avoir subi une condamnation pour insoumission ou désertion, ont été dirigés sur des corps et sont actuellement sous les drapeaux.

Le bénéfice de la présente amnistie s'étend aux déserteurs récidivistes, aux déserteurs avec la circonstance aggravante de service, ainsi qu'aux hommes qui ont déserté en emportant leurs armes, leurs effets d'habillement ou d'équipement, ou qui ont emmené leur cheval.

5° Quant aux hommes qui ont été condamnés pour insoumission ou désertion et qui ne sont plus sous les drapeaux, la présente amnistie doit avoir pour conséquence de faire disparaître sur les pièces militaires qui les concernent toute trace de la condamnation. Ils devront, pour faire modifier les inscriptions portées sur lesdites pièces, se présenter, sans être astreints à aucun délai, aux autorités désignées à l'article ci-après.

II. — Autorités chargées d'appliquer l'amnistie.

Les déclarations de repentir nécessaires (1) pour obtenir l'application de l'amnistie seront reçues suivant les dispositions établies ci-après, savoir :

En France, par les gouverneurs militaires de Paris et de Lyon, les généraux commandant les corps d'armée, les généraux commandant les subdivisions, les officiers de gendarmerie et les commandants des bureaux de recrutement;

En Algérie, par le général commandant le 19ᵉ corps d'armée, les généraux commandant les divisions d'Alger, d'Oran et de Constantine, et les autres autorités mentionnées ci-dessus;

En Tunisie, par le général commandant la division d'occupation et les autorités indiquées plus haut;

Dans les colonies et les autres pays de protectorat, par les gouverneurs, les autorités coloniales, les résidents et les autorités militaires;

A l'étranger, par les divers représentants de la France.

III. — Amnistie entière et sans condition de servir.
(Hommes âgés de quarante-cinq ans.)

Les insoumis et déserteurs âgés de quarante-cinq ans révolus sont amnistiés de plein droit depuis le 27 décembre 1900, jour de la promulgation de la loi, et leur radiation des contrôles, qui sera opérée sans retard, sera reportée à cette date.

Il pourra leur être délivré, même en dehors des délais fixés à l'article 4 de ladite loi, un certificat d'amnistie entière et sans condition de servir, conforme au modèle n° 4 (voir aux annexes), s'ils viennent à réclamer cette pièce à l'autorité militaire pour justifier de leur position.

---

(1) La présentation volontaire devant les autorités chargées de recevoir les déclarations est réputée acte de repentir.

IV. — Hommes atteints d'infirmités. — Aliénés.

Les insoumis et déserteurs qui auraient des infirmités les rendant impropres à tout service militaire actif ne seront amnistiés sans condition de servir qu'après constatation de ces infirmités.

En France, en Algérie et en Tunisie, cette constatation sera faite par les commissions de réforme.

Dans les colonies où ces commissions existent, il sera procédé identiquement. S'il n'existe pas de commission de réforme, la constatation sera faite par des médecins désignés à cet effet par l'autorité coloniale supérieure.

A l'étranger et dans les pays de protectorat autres que la Tunisie, la même constatation sera opérée par les médecins attachés aux ambassades, consulats et résidences, quand l'inaptitude au service sera notoire, par exemple, s'il y a cécité, perte d'un œil ou d'un membre. Dans les autres cas, le certificat d'amnistie entière et sans condition de servir ne pourra être délivré à l'insoumis ou déserteur qu'à son retour en France, après comparution devant la commission de réforme.

En ce qui concerne les aliénés, l'acte de repentir sera remplacé par une déclaration du directeur de l'établissement où ils sont internés, et, en cas de non internement, par une déclaration de leur tuteur. La constatation de l'aliénation mentale aura lieu, d'ailleurs, d'après les règles ci-dessus.

V. — Amnistie conditionnelle.

(Insoumis et déserteurs de l'armée active âgés de moins de quarante-cinq ans.)

L'amnistie est conditionnelle pour les déserteurs et insoumis âgés de moins de quarante-cinq ans ; mais, dans aucun cas, elle ne les assujettit au service actif au-delà du jour où leur trente-cinquième année est révolue. De ce jour à celui où ils accompliront leur quarante-cinquième année, ils sont seulement soumis aux obligations de leur classe d'âge ou de mobilisation.

En ce qui concerne les insoumis âgés de moins de trente-cinq ans (1), ils constituent deux catégories :

1° Ceux qui étaient établis avant l'âge de dix-neuf ans à

---

(1) Par les mots « insoumis et déserteurs âgés de moins de trente-cinq ans » il faut entendre les hommes qui n'auront pas accompli leur trente-cinquième année au moment de l'expiration du délai dont ils jouissent pour formuler leur déclaration de repentir.

l'étranger, hors d'Europe, ou aux colonies ou pays de protectorat où il n'y a pas de troupes françaises ;

2° Les autres insoumis.

La première catégorie bénéficiera de l'article 50 de la loi
du 15 juillet 1889, soüs réserve des dispositions contenues
dans les paragraphes B et C pour ceux qui seraient rentrés
en France avant l'âge de trente ans.

Dans la deuxième catégorie, les insoumis âgés de moins
de trente-cinq ans accompliront le service auquel ils étaient
assujettis, sans pouvoir être maintenus au service au delà de
l'âge de 35 ans.

Les déserteurs de l'armée active ayant moins de trente-cinq
ans auront à compléter le temps de service qu'ils avaient à
faire au moment où ils ont manqué à l'appel.

Néanmoins, les déserteurs, qu'ils soient appelés, engagés ou
rengagés, ne seront pas maintenus au service actif au-delà de
leur trente-cinquième année révolue.

Les insoumis visés aux paragraphes précédents qui auront
accompli les obligations qui y sont déterminées, et les déserteurs renvoyés du service actif après l'accomplissement
de leur trente-cinquième année ne seront plus astreints qu'aux
obligations de la classe à laquelle ils appartiennent par leur
âge ou de leur classe de mobilisation.

Sous réserve des dispositions spéciales prévues ci-dessus
relativement aux insoumis auxquels s'appliquera l'article 50
de la loi du 15 juillet 1889, les insoumis et les déserteurs de
l'armée active qui se trouvent à l'étranger ne pourront recevoir l'application de l'amnistie qu'à leur rentrée sur le territoire français dans les délais fixés par l'article 4 de la loi
du 27 avril 1898 et en faisant leur déclaration de repentir
devant les autorités militaires indiquées au paragraphe II de
la présente instruction. Ceux qui n'auraient pas les ressources
nécessaires devront réclamer leur rapatriement comme il est
expliqué au paragraphe XXIII.

VI. — CAS DE DISPENSE DU SERVICE ACTIF.

Les hommes se trouvant dans l'un des cas de dispense du
service en temps de paix prévus par l'article 21 de la loi du
15 juillet 1889 et qui, n'étant pas âgés de plus de trente-cinq
ans, ou n'étant ni mariés avec ou sans enfant, ni veufs avec
enfant, ni séparés ou divorcés avec garde d'enfant seraient
tenus de faire ou de compléter leur service actif, auront à
faire ou à compléter ce service dans les conditions prescrites
par ledit article.

S'ils ne satisfont pas aux conditions déterminées pour

les dispensés par l'article 24, § 5 de la loi du 15 juillet 1889, ils pourront être maintenus au corps, après avis du conseil de discipline, pour une période de deux années au plus, sans toutefois que ce maintien puisse les faire demeurer au service au delà de leur trente-cinquième année.

Si les causes de dispense viennent à cesser, ils seront soumis, dans les mêmes limites, à toutes les obligations de la classe à laquelle ils appartiennent (article 25 de la loi du 15 juillet 1889).

VII. — HOMMES MARIÉS, SÉPARÉS, DIVORCÉS OU VEUFS, AVEC UN OU PLUSIEURS ENFANTS.

Les omis, les insoumis et les déserteurs âgés de moins de trente-cinq ans qui seraient mariés avec ou sans enfant, ou qui seraient veufs avec un ou plusieurs enfants, ou séparés ou divorcés avec garde d'enfant, à l'époque de la promulgation de la loi, recevront l'application de l'amnistie conditionnelle après avoir justifié de leur position par des pièces authentiques (voir aux annexes le tableau n° 3). Leur acte de soumission devra être fait dans les délais fixés par l'article 4 de la loi du 27 avril 1898 et devant les autorités militaires indiquées au paragraphe II de la présente instruction. Procès-verbal de leur déclaration sera dressé et une copie leur sera délivrée. Ils devront immédiatement adresser cette pièce au commandant du bureau de recrutement dont ils dépendent, afin que cet officier supérieur puisse prendre les mesures nécessaires pour leur faire accomplir ou achever les obligations de la classe à laquelle ils appartiennent par leur âge.

Ceux qui se trouveraient aux colonies ou à l'étranger (1) auront la faculté de faire leur déclaration de repentir devant les autorités coloniales ou les agents diplomatiques. Il sera procédé à leur égard comme il est dit ci-dessus ; toutefois, pour ceux résidant hors de France, la copie du procès-verbal de leur déclaration devra être adressée par l'intermédiaire desdites autorités et uesdits agents.

VIII. — DISPONIBLES, RÉSERVISTES ET TERRITORIAUX. HOMMES DE CES CATÉGORIES RÉSIDANT AUX COLONIES OU A L'ÉTRANGER.

Les insoumis et déserteurs âgés de moins de quarante-cinq ans appartenant à la disponibilité, ou à la réserve de

---

(1) Tout mariage contracté à l'étranger par les omis, insoumis et déserteurs, conformément aux lois du pays où ils résident, donne droit à l'application de l'amnistie.

l'armée active ou à l'armée territoriale ou à sa réserve, recevront également application de ladite amnistie en faisant leur déclaration de repentir dans les mêmes délais et devant les mêmes autorités qui, après justification de leur position par une pièce authentique (tableau n° 3 des annexes), dresseront procès-verbal de leur déclaration, dont copie sera délivrée aux amnistiés. Ce procès-verbal devra être immédiatement adressé par lesdites autorités au Ministre de la guerre (bureau de la justice militaire), qui le transmettra au commandant du bureau de recrutement auquel ces hommes appartiennent, afin que, le cas échéant, des mesures soient prises pour leur faire accomplir ou achever les périodes d'exercices auxquelles la loi les astreint.

Ces hommes pourront, toutefois, bénéficier, sur leur demande, des dispositions des articles 96 et 217 de l'Instruction du 28 décembre 1895 et être considérés comme ajournés jusqu'à leur rentrée en France pour l'accomplissement de leurs périodes d'instruction.

IX. — Insoumis ou déserteurs en détention ou présents au corps après condamnation.

Les insoumis et déserteurs détenus dans les établissements militaires à l'époque de la promulgation de la loi du 27 décembre 1900, soit préventivement, soit en vertu de condamnations prononcées pour insoumission ou désertion seulement, recevront, suivant leur âge et leur position, application de l'amnistie avec ou sans condition de servir.

L'autorité militaire supérieure dans la circonscription de laquelle ils sont détenus prescrira le renvoi dans leurs foyers de ceux qui seront âgés de quarante-cinq ans.

Les détenus amnistiés avec condition de servir seront, par les soins de l'autorité militaire supérieure locale, dirigés sur des corps de l'armée active ou mis à la disposition des commandants des bureaux de recrutement dont ils dépendent, selon la situation dans laquelle ils se trouveront d'après les règles de la présente instruction.

En attendant la décision à intervenir, ils seront placés en subsistance dans un corps de la garnison.

Quant aux insoumis et déserteurs condamnés en même temps pour d'autres faits délictueux, il sera procédé à leur égard comme il est indiqué au paragraphe XXI.

Les hommes présents au corps, après avoir subi une condamnation pour insoumission ou désertion, qui auront accompli les obligations que leur imposent la loi du 27 avril 1898 et celle du 27 décembre 1900, ou qui seront âgés de plus de trente-cinq ans, seront mis à la disposition des commandants des bureaux de recrutement dont ils dépendent et auxquels il appartiendra de prendre les mesures que comporte leur position.

X. — CONTRÔLES A ÉTABLIR.

Les autorités militaires chargées de recevoir les déclarations de repentir, d'après l'article 4 de la loi du 27 avril 1898, devront ouvrir deux contrôles conformes aux modèles n°ˢ 1 et 2 (voir aux annexes), pour y inscrire :

Sur le premier, la déclaration des insoumis ou des déserteurs qui ont droit à l'amnistie entière et sans condition de servir en raison d'infirmités les rendant impropres au service militaire ;

Sur le second, celle des insoumis ou des déserteurs qui ont droit seulement à l'amnistie conditionnelle.

A l'expiration des délais fixés par l'article 4 de la loi du 27 avril 1898, ces contrôles seront clos et déposés dans les archives de l'état-major du corps d'armée ou du gouvernement militaire.

Il ne sera pas ouvert de contrôle pour les hommes âgés de plus de quarante-cinq ans, auxquels l'amnistie est conférée de plein droit ; mais les corps et les bureaux de recrutement auxquels ils appartenaient auront à les comprendre dans une liste à envoyer au Ministre (bureau de la justice militaire), ainsi qu'il est expliqué ci-après, au paragraphe XVI.

XI. — DÉLIVRANCE DE FEUILLES DE ROUTE.
MISE EN SUBSISTANCE.

Les insoumis et déserteurs amnistiés et inscrits sur le contrôle n° 2 (voir aux annexes), qui auront un service à accomplir dans l'armée active, recevront une feuille de route avec indemnité pour se rendre librement, savoir :

Les déserteurs, au corps auquel ils ont appartenu, pour y être de nouveau incorporés (1) ;

Les insoumis, devant le commandant du bureau de recrutement à qui aura été envoyée leur déclaration de repentir.

---

(1) Lorsque le retour des déserteurs à leur ancien corps paraîtra présenter des inconvénients, MM. les gouverneurs militaires et les généraux commandant les corps d'armée seront autorisés à les diriger sur un autre corps.

En cas de changement d'affectation, les chefs de corps qui avaient signalé ces hommes comme déserteurs devront en être immédiatement avisés pour faire cesser, par l'envoi d'un signalement n° 2, les recherches dont ils étaient l'objet.

Les jeunes soldats ou les engagés volontaires insoumis seront dirigés sur un des corps de l'armée.

Les hommes déclarés insoumis en raison de manquements aux périodes d'exercices de la disponibilité, de la réserve ou de l'armée territoriale, seront informés qu'ils devront être convoqués lors du prochain appel pour une période d'exercices de la réserve ou de l'armée territoriale, suivant le cas, s'ils appartiennent, toutefois, aux classes appelées elles-mêmes pour accomplir une période d'instruction. Cet avis leur sera renouvelé par écrit, lors de l'envoi de leur livret.

Les uns et les autres pourront provisoirement être placés en subsistance dans un des corps voisins, et une feuille de route avec indemnité sera délivrée à ceux qui, après examen de leur position, seront renvoyés dans leurs foyers.

XII. — Mise en route des détenus amnistiés.

Les insoumis et déserteurs détenus qui auront droit à l'amnistie entière et sans condition de servir recevront une feuille de route avec indemnité pour se rendre dans leurs foyers.

Ceux qui n'ont droit qu'à l'amnistie conditionnelle pourront, à moins que, par suite de circonstances exceptionnelles, l'autorité militaire n'en juge autrement, rejoindre librement, munis d'une feuille de route avec indemnité, le corps qui leur aura été assigné ou le bureau de recrutement dont ils relèvent.

XIII. — Constatation d'identité.

Tout fonctionnaire qui aura reçu la déclaration de repentir d'un insoumis ou d'un déserteur devra, avant de lui appliquer l'amnistie, s'assurer de l'identité de l'homme qui se présente. A cet effet, si l'insoumis ou le déserteur n'a pu produire les pièces désignées au tableau n° 3 (voir aux annexes), pour constater d'une manière positive son état d'insoumission ou de désertion, ce fonctionnaire demandera son signalement n° 1 au chef de corps ou au commandant du bureau de recrutement.

Dans le cas où ce dernier n'aurait pas à sa disposition les documents suffisants, il en référera au Ministre (Bureau de la Justice militaire).

Les pièces communiquées par le Ministre devront être renvoyées dans le plus bref délai.

XIV. — Renseignements a transmettre au Ministre de la guerre.

Après application de l'amnistie entière et sans condition

de servir, l'autorité militaire transmettra une copie du certificat d'amnistie au Ministre de la guerre et au chef de corps ou au commandant du bureau de recrutement auquel l'homme appartient.

Pour l'amnistie conditionnelle, le fonctionnaire qui aura reçu la déclaration de repentir informera le chef de corps de la date présumée de l'arrivée du déserteur à sa destination, et, s'il s'agit d'un insoumis, le commandant du bureau de recrutement auquel appartient l'amnistié.

En ce qui concerne les hommes résidant aux colonies ou à l'étranger et qui auront reçu l'application de l'amnistie conditionnelle par les soins des autorités coloniales ou des agents diplomatiques, il sera procédé comme il est dit au paragraphe VIII.

Pour les hommes résidant aux colonies, les demandes de renseignements et les transmissions de pièces entre les autorités coloniales et les autorités militaires en France seront effectuées par l'intermédiaire du ministère des colonies.

XV. — MENTIONS A PORTER SUR LES REGISTRES MATRICULES ET SUR LES LIVRETS MATRICULES.

Dispositions relatives aux livrets individuels et autres pièces.

Les mentions suivantes seront portées sur les registres matricules et les livrets matricules, savoir :

1° Pour les insoumis et déserteurs amnistiés sans condition de servir :

« Rayé des contrôles le....., comme ayant atteint l'âge de quarante-cinq ans.

« Interruption de services du..... au..... »

(Instruction du 7 janvier 1901.)

Ou :

« Rayé des contrôles le....., comme étant atteint d'infirmités le rendant impropre à tout service actif ou auxiliaire dans l'armée active.

« Interruption de services du..... au..... »

(Instruction du 7 janvier 1901.)

2° Pour les insoumis et déserteurs amnistiés conditionnellement :

« Rentré le..... »

Ou :

« Passé le.....

« Interruption de services du..... au..... »

(Instruction du 7 janvier 1901) (1).

Toute mention d'insoumission ou de désertion ou d'interruption de service devra cesser de figurer sur les livrets individuels, certificats de bonne conduite, congés, etc., lorsqu'il aura été fait application de la loi d'amnistie du 27 décembre 1900 (2).

XVI. — Signalements n° 2.

Les commandants des bureaux de recrutement et les chefs de corps, après avoir rayé des contrôles de l'insoumission et de la désertion les hommes amnistiés sans condition de servir, en raison de leurs infirmités, devront établir des signalements n° 2 pour faire cesser les recherches. Ils dresseront le même signalement pour les insoumis ou les déserteurs amnistiés avec condition de servir.

Afin de simplifier les écritures, il ne sera pas établi de signalement n° 2 pour les insoumis ou déserteurs âgés de plus de quarante-cinq ans.

---

(1) Les services interrompus par le fait de l'insoumission ou de la désertion seront de nouveau comptés à partir du jour où les insoumis ou déserteurs auront reçu une feuille de route pour se rendre à leur destination, ou du jour où ils auront été mis en subsistance dans un corps en attendant l'examen de leur position, en conformité des paragraphes IX et XI de la présente instruction.

Les déserteurs gradés (à l'exception des commissionnés et des sous-officiers rengagés) seront replacés à leur corps comme soldats de 2° classe, et la mention suivante, « remis soldat de 2° classe par suite de longue absence », sera portée sur les contrôles.

Les commissionnés et les sous-officiers rengagés devront, en arrivant au corps, être replacés dans leur situation antérieure, mais traduits immédiatement devant un conseil de régiment pour qu'il soit pris à leur égard telle mesure disciplinaire qu'il conviendra, en se conformant aux prescriptions des lois et règlements en vigueur.

Les rengagés déserteurs âgés de plus de trente-cinq ans, ou mariés avec ou sans enfant, ou veufs avec enfant, ou séparés ou divorcés avec garde d'enfant, ne peuvent pas réclamer comme un droit leur réadmission sous les drapeaux pour parfaire leur rengagement. Par contre, l'Etat peut exiger des rengagés âgés de moins de trente-cinq ans, ou célibataires, ou veufs sans enfant, ou séparés ou divorcés, sans garde d'enfant, l'exécution complète de leur rengagement.

Les rengagés amnistiés devront être réadmis à haute-paye, mais seulement à dater du jour de leur rentrée au corps.

(2) Se reporter à la circulaire du 13 mars 1900.

Les condamnations pour insoumission ou désertion devront être rayées également sur les casiers judiciaires, et, afin de permettre aux intéressés de faire opérer cette radiation par le parquet du tribunal de l'arrondissement où ils sont nés, il y aura lieu de leur délivrer, sur leur demande, un certificat constatant qu'ils ont reçu application de l'amnistie.

On se bornera à adresser des listes nominatives de ces amnistiés aux diverses autorités qui auront reçu les signalements n° 1. Une de ces listes sera envoyée au Ministre (Bureau de la Justice militaire) trois mois après la promulgation de la loi.

XVII. — DÉSERTEURS QUI SE TROUVERAIENT PRÉSENTS DANS UN AUTRE CORPS.

Le déserteur qui, au moment de la promulgation de la loi du 27 décembre 1900, aurait pris du service dans un corps autre que celui qu'il a abandonné, sans emploi de manœuvres frauduleuses, pourra y continuer son service. Il ne sera plus ni recherché, ni poursuivi pour le fait de désertion s'il est à ce moment présent à son nouveau corps et s'il fait connaître sa position au chef de ce corps. Celui-ci en rendra un compte spécial au Ministre (Bureau de la Justice militaire) en demandant l'annulation de l'engagement qu'il aura contracté. Ce déserteur ne devra, en effet, que compléter, dans les conditions de la présente instruction, le temps de service auquel il était astreint avant de contracter cet engagement.

Les militaires dirigés sur les bataillons d'Afrique à la suite d'une condamnation prononcée uniquement pour désertion seront renvoyés dans un corps de leur arme d'origine.

XVIII. — DÉSERTEURS APPARTENANT A UN CORPS SUPPRIMÉ.

Lorsque le militaire de l'armée active amnistié appartiendra à un corps supprimé depuis sa désertion, il sera incorporé, s'il y a lieu, dans un corps de l'arme dans laquelle il sera reconnu apte à servir.

L'autorité devant laquelle il aura fait sa soumission adressera directement son signalement n° 2 aux autorités auxquelles le signalement n° 1 aura pu être envoyé et au Ministre (Bureau de la Justice militaire).

XIX. — AMNISTIÉS CONDITIONNELLEMENT QUI NE SE RENDRAIENT PAS A LEUR DESTINATION.

Les insoumis et déserteurs non dégagés de l'obligation de servir et qui, après avoir profité de l'amnistie en France, en Corse, en Algérie et en Tunisie, et avoir reçu, selon leur situation militaire, un ordre ou une feuille de route, ne se rendraient pas à leur destination dans les délais fixés par l'article 73 de la loi du 15 juillet 1889 et par le Code de justice militaire, seront de nouveau signalés aussitôt que leur absence sera connue, recherchés et poursuivis comme insoumis ou déserteurs.

La situation des hommes fixés aux colonies ou à l'étranger est réglée au paragraphe XXIII.

XX. — Suspension des recherches et poursuites pendant la durée du délai de trois mois.

Toutes recherches et poursuites sont suspendues contre les hommes qui se sont rendus coupables d'insoumission ou de désertion antérieurement au 15 décembre 1900, mais elles seront reprises, s'il y a lieu, à l'expiration du délai de trois mois fixé par l'article 4 de la loi du 27 avril 1898.

Tout homme qui, ayant fait sa soumission aux colonies ou à l'étranger, vient à rentrer en France sans accomplir ses obligations, retombe, ipso facto, dans la situation des hommes ayant fait leur soumission en France.

Les commandants de recrutement et les chefs de corps s'occuperont de rechercher les insoumis et les déserteurs qui ne se seront pas présentés, afin de faire recommencer les recherches et les poursuites à leur égard. Il ne sera pas établi de nouveaux signalements n° 1 ; il sera fait sur les contrôles d'insoumission et les registres matricules déposés dans les archives des bureaux de recrutement et des corps un relevé des insoumis et des déserteurs âgés de moins de quarante-cinq ans qui, n'ayant droit qu'à l'amnistie conditionnelle, n'en auront pas profité dans les délais voulus. Chaque chef de corps ou commandant de bureau de recrutement adressera au Ministre (Bureau de la Justice militaire) un état de ces individus à rechercher, avec les observations que leur position pourra soulever et qui pourront nécessiter des instructions spéciales.

XXI. — Insoumis et déserteurs se trouvant dans les cas prévus a l'article 6 de la loi du 27 avril 1898.

Conformément à l'article 6 de la loi du 27 avril 1898, les insoumis ou déserteurs qui auraient été condamnés pour des faits étrangers à l'insoumission ou à la désertion ne peuvent bénéficier de l'amnistie que pour ces deux derniers délits.

En conséquence, lorsqu'un militaire aura été condamné par jugements distincts pour insoumission ou désertion et pour faits connexes ou concomitants, il y aura lieu, soit que les deux condamnations doivent être subies cumulativement, soit qu'elles aient été confondues, de mettre le condamné en liberté, si, abstraction faite de la détention préventive, il a été détenu pendant un laps de temps égal à la durée de la peine prononcée pour faits étrangers à l'insoumission ou à la désertion.

Si la détention subie au moment de la promulgation de la

loi d'amnistie est inférieure à la durée de ladite peine, le condamné sera retenu jusqu'au jour où il l'aura parfaite.

Si une seule et même peine a été prononcée par le même
jugement pour insoumission ou désertion et autres délits, le
condamné ne sera pas admis au bénéfice de l'amnistie, mais il
sera adressé au Ministre (Bureau de la Justice militaire) un
rapport permettant d'apprécier, s'il y a lieu, de le faire bénéficier d'une mesure d'indulgence en raison du temps qu'il a
passé dans les établissements pénitentiaires militaires ou
civils.

Enfin, les hommes qui seront l'objet de poursuites pour des
faits étrangers à l'insoumission ou à la désertion devront être
jugés sur les inculpations autres que l'insoumission ou la désertion.

XXII. — Obligations de la gendarmerie.

Par suite de ces diverses mesures, la gendarmerie n'aura
plus à rechercher comme insoumis ou déserteurs que les hommes qui lui seront signalés comme étant reconnus en état
d'insoumission ou de désertion après le 15 décembre 1900, ou
après le délai de trois mois fixé par l'article 4 de la loi du 27
avril 1898. Elle ne s'en assurera pas moins avec la plus scru-
puleuse attention de la position des individus qui ne justifie-
raient pas d'une situation régulière au point de vue militaire,
et elle désignera à l'autorité militaire ceux qui, pouvant
avoir des droits à l'amnistie entière et sans condition de servir, n'en auraient pas profité.

XXIII. — Obligations des hommes résidant aux colonies ou a l'étranger. — Leur rapatriement.

Les insoumis et les déserteurs fixés aux colonies ou à l'é-
tranger, et qui auront à accomplir du service dans l'armée
active, devront être prévenus par les autorités coloniales ou
par les agents diplomatiques qu'ils devront se mettre en route
pour rejoindre, dans les délais fixés par la loi du 27 avril
1898, leur bureau de recrutement ou leur corps, sans qu'il
soit besoin de leur adresser un nouvel avis.

Le rapatriement au compte du service de l'indemnité de
route ne peut être assuré qu'aux hommes en position d'accomplir le service militaire dans l'armée active.

Les gouverneurs et les autorités coloniales, ainsi que les
représentants de la France à l'étranger qui auront à effectuer
un rapatriement au compte du département de la guerre dans
un des cas énumérés au tableau n° 6 (voir aux annexes), se
borneront à assurer le secours de route ou le transport mari-

time nécessaire pour que l'insoumis ou le déserteur puisse rentrer en France et gagner la plus prochaine résidence d'officier ayant qualité pour recevoir la soumission. Pour ce parcours, le prix du transport sur chemin de fer français sera calculé d'après le tarif plein, les amnistiés ne pouvant commencer à jouir de la réduction du tarif, que quand ils seront munis d'une feuille de route ou d'un sauf-conduit conforme au modèle n° 7 (voir aux annexes).

L'officier qui aura reçu la déclaration d'un insoumis ou d'un déserteur le dirigera sur le bureau de recrutement ou le corps où il doit se rendre, conformément au paragraphe XI de la présente instruction. A cet effet, il lui fera délivrer une feuille de route avec indemnité par le fonctionnaire de l'intendance ou son suppléant, s'il en existe dans la localité; sinon, il le renverra devant le maire qui lui délivrera un sauf-conduit pour aller jusqu'à la plus prochaine résidence de sous-intendant.

Les frais de retour des hommes venus en France pour être examinés et qui auront été réformés, lors de cet examen, seront supportés par le département de la guerre.

XXIV. — HOMMES OMIS DANS LES TABLEAUX DE RECENSEMENT.

Conformément à la disposition finale du paragraphe 5 de l'article 3 de la loi du 27 avril 1898, les hommes omis dans les tableaux de recensement, qu'ils soient ou non actuellement présents sous les drapeaux, ne seront pas astreints au service actif au delà de leur trente-cinquième année révolue; cette disposition, toute transitoire, ne vise que les omissions antérieures au 15 décembre 1900 et ne modifie en rien pour l'avenir les dispositions de l'article 15 de la loi du 15 juillet 1889 sur le recrutement.

Pour permettre aux omis bénéficiant de la loi d'amnistie de régulariser leur situation, ces hommes auront la faculté de réclamer, dans les délais fixés par l'article 4 de la loi du 27 avril 1898, de l'autorité municipale dont ils relèvent, leur inscription sur les listes de recrutement à dresser. Les commandants de recrutement, dès qu'ils seront mis en possession de l'acte de soumission d'un omis, devront faire, en temps utile, près de l'autorité civile, les diligences nécessaires pour que cet homme soit inscrit sur les listes de recensement.

Le Ministre de la guerre,
Gal L. ANDRÉ.

ANNEXES.

N° 1.

AMNISTIE DU 27 DÉCEMBRE 1900.

Modèle du contrôle des insoumis et déserteurs qui, en raison de leurs infirmités, ont droit à l'amnistie entière et sans condition de servir.

| NOMS ET PRÉNOMS DES INSOUMIS et déserteurs amnistiés. | CORPS auxquels ils appartiennent. | DATES | | GRADE. | SIGNALEMENT | DATE de LA LIBÉRATION. | OBSERVATIONS. |
		de LEUR ENTRÉE au service.	de leur DÉSERTION.				—
	S'il s'agit d'un insoumis, on indiquera dans ces quatre colonnes la classe et le bureau de recrutement auxquels il appartient ainsi que la date de son insoumission.						On indiquera dans cette colonne la nature de l'infirmité pour laquelle les insoumis et déserteurs auront obtenu l'application de l'amnistie entière et sans condition de servir.

N° 2.

AMNISTIE DU 27 DÉCEMBRE 1900.

Modèle du contrôle des insoumis et déserteurs qui sont dans l'obligation de servir.

| NOMS ET PRÉNOMS DES INSOUMIS et deserteurs amnistiés. | CORPS auxquels ils appartiennent. | DATES | | GRADE. | SIGNALEMENT. | DATE de leur présentation pour jouir de l'amnistie | INDICATION DU JOUR DE | | OBSERVATIONS. |
		de LEUR ENTRÉE au service.	de leur DÉSERTION.				leur départ pour rejoindre.	leur arrivée à destination.	
	S'il s'agit d'un insoumis, on indiquera dans ces quatre colonnes la classe et le bureau de recrutement auxquels il appartient, ainsi que la date de son insoumission.								Indiquer la destination qui a été donnée.

N° 3.

Tableau des pièces que doivent produire les insoumis ou déserteurs qui demanderont à jouir de l'amnistie accordée par la loi du 27 décembre 1900.

INDICATION DES CAS DE LIBÉRATION OU DE DISPENSE.	PIÈCES A PRODUIRE. (Ces pièces devront, dans les cas de dispense prévus par la loi du recrutement, spécifier que le réclamant est enfant légitime.)
Insoumis et déserteurs âgés de plus de 35 ans qui demandent l'application de l'amnistie à l'étranger.	L'acte de naissance ou toute autre pièce établissant la date de cette naissance.
Insoumis ou déserteurs qui seraient mariés, séparés, divorcés ou qui seraient veufs avec un ou plusieurs enfants.	Certificat du maire, vérifié et visé par le sous-préfet. Si l'insoumis ou le déserteur a été marié à l'étranger, une copie de l'acte de mariage ou de naissance des enfants.
Insoumis ou déserteurs que leurs infirmités rendront impropres au service militaire.	Certificat du président de la commission de réforme attestant que l'homme présenté à la commission est susceptible d'être réformé.
Insoumis ou déserteurs actuellement aînés d'orphelins de père et de mère ou aînés d'orphelins de mère dont le père est légalement déclaré absent ou interdit.	Certificat du maire, vérifié et visé par le sous-préfet.
Insoumis ou déserteurs aujourd'hui fils uniques ou aînés des fils, ou, à défaut de fils ou de gendre, petits-fils uniques ou aînés des petits-fils d'une femme actuellement veuve ou dont le mari a été légalement déclaré absent ou interdit ou d'un père aveugle ou entré dans sa 70° année.	Même certificat.
Insoumis ou déserteurs fils uniques ou aînés des fils d'une famille de sept enfants au moins.	Même certificat.
Insoumis ou déserteurs actuellement frères aînés d'un jeune soldat inscrit la même année sur la liste de recrutement ou faisant partie du même appel.	Même certificat.
Insoumis ou déserteurs actuellement frères d'un militaire qui est sous les drapeaux, ou qui est mort en activité de service, ou qui a été réformé ou admis à la retraite pour blessures reçues dans un service commandé ou pour infirmités contractées dans les armées de terre ou de mer.	1° Si le réclamant fonde ses droits sur les services d'un frère qui a été incorporé, un certificat du conseil d'administration du corps, ou tout autre document authentique, faisant connaître que ce dernier sert dans ledit corps (ou bien) qu'il est mort en activité de service (ou bien) qu'il a été réformé pour blessures et infirmités contractées au service; 2° Si le frère du réclamant a été immatriculé comme jeune soldat et n'est pas encore incorporé, un certificat du commandant du bureau de recrutement, constatant son inscription aux registres matricules et portant qu'il n'a pas été mis en activité.

N° 4.

AMNISTIE DU 27 DÉCEMBRE 1900.

CERTIFICAT D'AMNISTIE ENTIÈRE ET SANS CONDITION DE SERVIR.

(1) Nom et qualité du fonctionnaire.
(2) Nom et prénoms de l'amnistié.
(3) Date de sa naissance.
(4) Commune *ou* ville.
(5) Désignation du canton.
(6) *Idem* de l'arrondissement.
(7) *Idem* du département.
(8) Prénoms du père de l'amnistié.
(9) Nom et prénoms de la mère de l'amnistié.
(10) Commune *ou* ville.
(11) Désignation du canton.
(12) *Idem* de l'arrondissement.
(13) *Idem* du département.
(14) Ajouter les marques particulières.
(15) Désigner la pièce *ou* les pièces.
(16) Déserteur (*indiquer le corps*) *ou* insoumis (*désigner la classe et le bureau de recrutement*).
S'il était atteint d'infirmités le rendant impropre à tout service militaire, indiquer la nature de l'infirmité.
S'il était âgé de quarante-cinq ans, on n'ajoutera rien après l'indication de la desertion ou de l'insoumission.
(17) Rappeler le nom de l'amnistié.
(18) Nom de la commune *ou* ville où le certificat a été délivré.
(19) Date du jour où le certificat a été délivré.
(20) Signature du fonctionnaire.
(21) Cachet du fonctionnaire.

Nous soussigné (1) certifions que le nommé (2) , né le (3) à (4) , canton d (5) , arrondissement d (6) , département d (7) , fils d (8) et d (9) , domiciliés à (10) , canton d (11) arrondissement d (12) , département d (13) , taille d'un mètre millimètres, cheveux , sourcils , front , yeux , nez , bouche , menton , visage , teint , barbe , (14) , a justifié par (15) qui a (*ou* ont) été annexé au premier contrôle des amnistiés, qu'il était (16).

En conséquence, et conformément aux dispositions de l'article 1er de la loi du 27 décembre 1900 et de l'article 2 de la loi du 27 avril 1898, ledit (17) a obtenu de nous l'application de l'amnistie entière et sans condition de servir, de la désertion ou insoumission ci-dessus relatée, et est autorisé à rentrer dans ses foyers.

Fait à (18) , le (19)

(20)   (21)

N° 5.

Hommes qui, n'ayant plus à servir à aucun titre, ne pourront en aucun temps être rapatriés au compte du service de l'indemnité de route.

Ce sont :

Les insoumis et les déserteurs âgés de plus de quarante-cinq ans, puisqu'ils sont amnistiés, sans condition de servir, le jour même de la promulgation de la loi, et rayés immédïatement des contrôles ;

Et les insoumis ou déserteurs atteints d'infirmités qui les rendent impropres à tout service actif ou auxiliaire.

Le refus de rapatriement au compte de la guerre doit également s'appliquer à ceux d'entre eux dont les infirmités ne rendent pas l'inaptitude au service notoire et qui sont tenus de venir faire constater leur position en France pour que leur certificat d'amnistie devienne définitif, attendu que leur déplacement a pour motif leur intérêt personnel et non l'accomplissement du service militaire.

Exception sera faite, seulement, pour ceux auxquels leur état d'indigence, dûment constaté, ne permettrait pas de faire le voyage à leurs frais. S'ils sont réformés, les frais de voyage pour leur retour dans le pays où ils résident seront supportés par le département de la guerre.

N° 6.

Hommes appelés à servir dans l'armée active, astreints à faire leur soumission en France et pouvant être rapatriés au compte de la guerre aussitôt après la promulgation de la loi.

Ce sont :

Les insoumis et déserteurs âgés de moins de trente-cinq ans, qui seraient mariés ou qui seraient veufs avec un ou plusieurs enfants et soumis aux obligations de leur classe, *quand cette classe est encore sous les drapeaux ;*

Les insoumis âgés de moins de trente-cinq ans qui n'ont pas fait de service actif ;

Les déserteurs âgés de moins de trente-cinq ans ;

Les dispensés de l'article 21 de la loi du 15 juillet 1889 sur le recrutement.

 CORPS D'ARMÉE.

Place d

N°
de l'enregistrement.

Signature du titulaire
du sauf-conduit:

(1) Désigner exactement le grade, la position du militaire, le congé ou le titre dont il est porteur, et son signalement, ainsi que le numéro, la date et le lieu de la délivrance de la feuille de route qu'il déclarerait avoir perdue.

(2) Indiquer le grade du fonctionnaire de l'intendance militaire.

(3 et 5) S'il y a lieu.

(4) Dans aucun cas, le secrétaire ou l'employé de la mairie n'a le droit de signer pour le maire ou pour son adjoint.

(6) De diligence, chemin de fer ou de voiture à collier.

N° 7.

Instruction du 7 janvier 1901.

SAUF-CONDUIT.

 régiment.   bataillon *ou* escadron.
 compagnie.

N°   du registre-matricule du corps.

Chemin que tiendra le sieur   ,
âgé de   ans, taille d'un mètre   millimètres, front   , yeux   , nez   ,
bouche   , menton   , cheveux   ,
sourcils   , visage   , fils de
      et de   , né le   ,
à   département de   ,
(1)
partant de   pour se rendre
à   , lieu de la résidence du   .

Ce militaire aura droit pendant sa route au logement, sauf rappel par le (2)
      de ce qui pourrait lui être dû à titre d'indemnité.

Il lui a été remis (3) un ordre de convois (6)
      pour aller jusqu'à   .

Délivré par nous   , maire (4)
à   , le

DATES DES JOURS où le militaire doit arriver.	NOMS DES GITES.	ARRIVÉE EFFECTIVE des militaires aux lieux de passage.	DÉTAIL DES ORDRES des fournitures de convois par terre ou par eau délivrés par le maire de chaque gîte (5).
Le	A	Arrivé à le	
Le	A	Arrivé à le	
Le	A	Arrivé à le	

TABLE DES MATIÈRES.

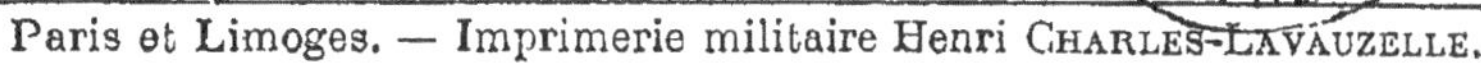

Paris et Limoges. — Imprimerie militaire Henri CHARLES-LAVAUZELLE